LE ROY DE COCAGNE,

COMEDIE,

31 xbre 1718.

Par M. LE GRAND, Comedien du Roy.

A PARIS,

Chez PIERRE RIBOU, seul Libraire de l'Academie Royale de Musique, Quay des Augustins, à la quatriéme Boutique en descendant le Pont Neuf, à l'Image Saint Louis,

ET

JACQUES, RIBOU, Fils, à l'entrée de la ruë du Hurpois, du côté du Pont Saint Michel, aux trois Pommes de Pin.

M. DCC. XIX.

Avec Approbation & Privilege du Roy.

A SON
ALTESSE SERENISSIME
MONSEIGNEUR
LE DUC.

MONSEIGNEUR,

Le desir ardent que j'ay toûjours eû de trouver un accés favorable auprés de VÔTRE ALTESSE SERENISSIME, *& de luy procurer quelques amusemens, m'avoit fait naistre l'idée de la Comedie que j'ay l'honneur de luy presenter.*

Le sujet me parût trés propre à amener des Fétes, aussi nouvelles que galantes, dans l'aimable sejour de

Chantilly ; *sejour où les plus grands Princes que la France compte parmy ses Heros, & les Muses parmy leurs Protecteurs, venoient autrefois se délasser de leurs glorieux travaux.*

C'estoit ce lieu, MONSEIGNEUR, *que j'avois choisi pour celuy de ma Scene, persuadé que quelques merveilles que le Peuple Elementaire eût pû inventer, l'ordre & l'abondance qu'on y voit regner plus que jamais, en auroient rendu l'execution facile.*

Mais malheureusement cette Piece ne s'étant pas trouvée assez tost preste, il a fallu me contenter de donner au Public un leger crayon de la magnificence qui l'auroit accompagnée.

VÔTRE ALTESSE SERENISSIME *l'a honorée plu-*

ſieurs fois de ſa preſence, & m'a témoigné avec beaucoup de bonté qu'Elle en eſtoit contente.

C'eſt ce qui me fait prendre la liberté de luy dédier un Ouvrage que je n'avois fait que pour Elle, en attendant que mon imagination ſecondée de mon zele me puiſſe fournir un Sujet digne de contribuer aux plaiſirs d'un ſi grand Prince. Je ſuis avec un profond reſpect,

MONSEIGNEUR,

DE VOTRE ALTESSE SERENISSIME,

Le trés-humble & trés-obéiſſant Serviteur,

LE GRAND.

ACTEURS
du Prologue.

THALIE, Muſe de la Comedie.

LA MUSE TRIVIALLE,
GENIOT,
LA FARINIERE,
PLAISANTINET, } Auteurs.

La Scene eſt au pied du Mont Parnaſſe.

LE ROY DE COCAGNE,

COMEDIE.

PROLOGUE.

SCENE PREMIERE.

Le Theatre represente le Mont Parnasse entouré d'un bourbier.

GENIOT.

A La fin je me vois au pied du Mont Parnasse.
Courage, il ne me reste plus
Rempli des preceptes d'Horace
Qu'à tâcher de monter dessus.
Mais je ne vois point de passage,
Je crains de me noyer
Dans ce maudit bourbier,
Où quantité d'Auteurs ont déja fait naufrage.
O Dieux ! quel monstre en sort? *La Muse trivialle*

LA MUSE TRIVIALLE. *sort du bourbier.*

un monstre, parlez mieux,
Je suis la Muse trivialle
Qui du beau milieu de la halle
N'ay fait qu'un saut jusqu'en ces lieux.

GENIOT.

Ah Madame la Muse !
Je vous demande excuse,
Ma foy je ne vous connois pas;

Et même plus je vous regarde,
Plus je vous crois Muse batarde.

LA MUSE.

Tout ce qu'il vous plaira, mais j'ay fait du fracas,
Pour moy l'on a souvent abandonné la Scene
De Thalie & de Melpomene,
Et même en dépit d'Apollon,
Je me suis établie au pied de ce vallon.

GENIOT.

Eh par quelle assistance
Avez-vous acquis tant d'honneurs?

LA MUSE.

Ne parlons point d'honneurs, j'en ay fort peu,
je pense,
Je ne dois même ma naissance
Qu'à certaine espece d'Auteurs
Qui n'ayant jamais pû joüir des avantages
De voir achever leurs ouvrages
Sur un Theatre reglé,
Du bon goût du public ont enfin appellé
Au Tribunal peu severe
De la Scene forestiere:
C'est là que sans peur des sifflets,
Ils ont sçû se donner cariere,
Et se dedommager de leurs mauvais succés.
D'une maniere libre autant qu'extravagante.....
Mais je vois un de mes Heros.

SCENE II.

LA MUSE TRIVIALLE, GENIOT, PLAISANTINET.

LA MUSE.

AH! vous venés fort à propos
Monsieur Plaisantinet, je suis vôtre servante.

PLAISANTINET.

Bon jour, Muse charmante,
Oh! parbleu cette fois je me suis surpassé,
Et de moy vous serés contente.
J'ay dans mon sotisier avec soin ramassé
Proverbes, colibets, contes du temps passé,
Dont j'ay sçû composer une piece plaisante.
Pour le coup le Cothurne en sera terrassé.

GENIOT.

Je veux le soutenir ce Cothurne, & ma veine....

PLAISANTINET.

Ma foy, mon pauvre amy, vous aurés de la peine
Sur le Theatre où vous voulés monter;
Pour attirer du public les suffrages
Il ne faut que de bons ouvrages,
La mediocrité ne le peut contenter.

GENIOT.

Comment donc une piece un tant soit peu passable?...

PLAISANTINET.

Tout cela ne vaut pas le Diable.

GENIOT.

De la façon dont vous m'en parlés là
Le public a peu d'indulgence,
Et pour le contenter il faut que la science
Egale le genie. Où rencontrer cela?
Où trouver un Auteur qui puisse....

SCENE III.

LA MUSE TRIVIALLE, GENIOT, LA FARINIERE.

LA FARINIERE.

Le voilà.

PLAISANTINET.

Comment vous pretendez, Monsieur la Fariniere?....

LA FARINIERE.

J'ay surpassé Corneille, & Racine, & Moliere,
J'ay traduit des Auteurs pleins de difficultés,
Et mon sçavoir portant leurs ouvrages aux nuës,
J'ay fait dans leurs Ecrits voir cent mille beautés
Qu'ils n'avoient pas, peut estre, eux-mêmes bien connuës.
Enfin pour eviter un discours surperflu,
Vous voyez le Phœnix, le seul Auteur illustre
Qui puisse au Theatre abatu
Rendre aujourd'huy son premier lustre.

GENIOT.

Ma foy vous vous moquez de nous,
Depuis plus de trente ans vous tenés ce langage,
Sans que jusqu'à present il ait paru de vous
Sur le Theatre aucun ouvrage.

LA FARINIERE.

Eh c'est la faute des Acteurs,
De qui l'envie, ou la malice,
Ou l'ignorance, ou l'injustice
Ecarte tous les bons Auteurs.

GENIOT.

Pour qu'en vôtre faveur le public s'interesse,
Et puisse estre contre eux justement indigné,
Faites imprimer quelque piece,
Voilà vôtre procés gagné.

LA FARINIERE.

Eh ne connoit-on pas aussi la fantaisie
Des injustes approbateurs?
Qui ne sçait que leur jalousie
Passe encore celle des Acteurs.
Ils apprehendent tous qu'un sublime genie
Ne s'eleve au dessus de leurs productions,
Et le trouvant en moy, poussent leur tyranie
Jusqu'à me refuser leurs approbations.
Je veux escalader aujourd'huy le Parnasse,
Et demander justice au divin Apollon.
Il n'appartient qu'à lui de me donner la place.

Qui m'est dûë au sacré vallon.
Ouy, c'est à toy que j'en appelle,
Souverain protecteur du merite affligé,
Tu ne peux mieux montrer ta puissance immortelle,
Qu'en faisant que je sois vangé.

LA MUSE.

Il faut qu'en ton calcul, mon amy tu t'abuses,
Si tu nous disois vray, crois moy,
Tu verrois dans l'instant Apollon & les Muses
Accourir au devant de toy.
Que dis je, on me verroit moy-même.
Rentrer dans mon bourbier pour te laisser monter;
Car ma foiblesse extreme
Au merveilleux, au bon ne sçauroit resister;
Et s'il se peut trouver, comme l'on m'en menace,
Quelque genie heureux dont les productions
Attirent du public les approbations,
On me verra bientôt abandonner la place.
Mais que vois-je? Thalie, ah! pour le coup ma foy
Je pense que c'est fait de moy.
Elle a l'air enjoüé plus qu'à son ordinaire,
Sans doute qu'elle en a sujet,
Un noir pressentiment me dit qu'elle va plaire.
Au secours. Je ne puis soutenir son aspect.

PLAISANTINET.

Madame, d'où vous vient cette terreur panique?

LA MUSE. *Elle s'enfonce dans le bourbier.*

La voix me manque; adieu je tombe, c'en est fait.

PLAISANTINET.

Je n'ay plus desormais qu'à fermer la boutique,
Que vais-je devenir helas!
De quel côté tourner mes pas?

SCENE IV.

THALIE, GENIOT, LA CRINIERE, PLAISANTINET.

LA CRINIERE.

A Vôtre ſeule approche, adorable Thalie,
Vous avez fait rentrer ce monſtre en ſon néant,
Sans doute que la Comedie
Va reprendre le pas qu'elle avoit cy-devant.

THALIE.

Je ne puis tout d'un coup lui rendre tous les charmes
Qui l'accompagnoient autrefois;
Cette Muſe au Parnaſſe a cauſé mille allarmes;
Il faut, ſi nous voulons la reduire aux abois,
La battre de ſes propres armes,
Je veux la repouſſer avec ſes propres traits.
Il me faut pour cela quelque piece bouſonne
Qui ſoit dans le goût à peu prés
De celles qu'elle donne.
Le public la prendra comme un amuſement,
En attendant qu'on lui preſente
Quelque piece excellente
Digne de meriter ſon applaudiſſement.

PLAISANTINET.

Eh bien prenés la mienne, elle eſt rejoüiſſante
Et dans le goût qu'il faut pour reveiller l'eſprit.

THALIE.

En retrancheras-tu ces mots à double entente
Dont le bon goût murmure, & la pudeur rougit?
Je ſuis Muſe enjoüée, & non pas inſolente.

PLAISANTINET.

Pourquoy les retrancher? ce qui vous épouvante,

De mes pieces fait la beauté;
Et quoy que vous en puissiés dire,
Pour exciter la curiosité,
C'est la bonne façon d'écrire.

THALIE.

Comment tu ne peux faire rire
Sans offenser l'honnesteté?
Tu ne peux composer une piece amusante,
Enjoüée & divertissante,
Sans grossiere equivoque & sans obscenité?

PLAISANTINET.

Je n'y trouverois pas mon compte.

THALIE.

Va, tu devrois mourir de honte.

PLAISANTINET.

Je vous le dis tout net,
Ce n'est pas là mon fait,
J'aime la gaillardise,

THALIE.

Ou plustôt la sottise.
Va donc chercher fortune ailleurs;
Je trouveray d'autres Auteurs.

SCENE V.

THALIE, GENIOT, LA FARINIERE

THALIE.

ALlons mes chers enfans, courage,
Voyons qui pourra de vous deux
Entreprendre ce que je veux.
Laissés le soin d'un grand ouvrage
Aux esprits d'un plus haut étage.

LA FARINIERE. *Enfonçant fierement son chapeau.*

En est-il au dessus de moy?

Cherchez pour un tel badinage
Des esprits du plus bas aloy,
Composer dans ce batelage
N'apartient qu'à des Auteurs fous.

THALIE.

Je croyois ne pouvoir mieux m'adresser qu'à vous.

GENIOT.

Allés, Muse, laissés le dire,
Il suffit, j'entreprens ce que vous demandés,
Et sans faire rougir, j'espere faire rire
Si vous me secondés.
Je vais donc m'égaier dans le goût de la foire,
Je pourray l'attraper, du moins j'ose le croire,
Dussé-je voir nos grands & serieux esprits
Accoûtumés à contredire,
Me demander raison de les avoir fait rire,
J'auray toûjours rempli le projet entrepris.
J'avois déja formé l'extravagante idée
D'un sujet qui peut estre auroit pû reüssir.

THALIE.

Quel ?

GENIOT.

Le Roy de Cocagne.

THALIE.

Il peut faire plaisir,
Car je suis trés persuadée
Qu'il fournira de plaisans traits.

GENIOT.

Pour ne point perdre temps & hâter mon ouvrage,
J'emprunteray selon l'usage,
Par ci par-là des vers tout faits
Ou dans Racine ou dans Corneille,
Pour le Roy de Cocagne ils viendront à merveille.

LA FARINIERE.

Mais quelle intrigue, quels portraits ?
Quelles mœurs & quels caracteres
Peuvent jamais entrer dans de pareils sujets ?

GENIOT.

Quelles mœurs ? des mœurs étrangeres.

LA FARINIERE.

Ah ! les mœurs de Cocagne ? à de petits enfans
Ces contes bleus sont bons à faire ;
Mais je ne pense pas qu'à nos honnêtes gens
Ces fadaises-là puissent plaire.

THALIE.

Les beaux esprits assez souvent
Se sont fait reconnoistre en une bagatelle.

LA FARINIERE.

Parbleu vous me la donnés belle,
Monsieur, un bel esprit, c'est un demi-sçavant.
Traiter de beaux esprits les gens de son espece,
C'est aux mouches à miel égaler les frélons ;
Ou s'il faut m'expliquer avec plus de justesse,
C'est au rang des oiseaux mettre les hanetons.

GENIOT.

A tous tes sots discours je ne daigne répondre,
Tu n'as pas l'ombre du bon sens,
Et la piece que j'entreprens
Va suffire pour te confondre.

LA FARINIERE.

Si cela reüssit, vous allez voir beau jeu.
Pour mettre au desespoir Thalie,
Pour desoler la Comédie,
Pour punir le public, je vais jetter, morbleu,
Toutes mes pieces dans le feu.

SCENE VI.

THALIE, GENIOT.

THALIE.

Elles seront mieux-là que sur nôtre Theatre.

GENIOT.

Allons, Muse, il est temps, ne m'abandonnez pas,

Déja vous m'inspirés du badin, du folâtre,
Du boufon.

THALIE.

Garde toy de tomber dans le bas,
Tiens toûjours Pegase en haleine,
Bride en main.

GENIOT.

Par ma foy j'aurai bien de la peine,
Le bas & le boufon se ressemblent assez,
Et je crains fort dans ma carriere
Si, quand je broncheray vous ne me redressez,
D'aller donner dans quelque orniere.

THALIE.

Si le hazard t'y fait tomber,
Ne t'y laisse pas embourber,
Releve toy tout au plus vite.

GENIOT.

Ouy, mais pendant ce temps, si le public s'irrite,
Et si je ne me puis assés-tôt relever?

THALIE.

Va, le public est bon, il s'attend de trouver
Dans ce qu'on lui promet, une piece un peu folle;
Le pis qu'il en puisse arriver
Sera d'avoir tenu parole.

FIN DU PROLOGUE.

LE ROY
DE COCAGNE,
COMEDIE.

ACTEURS.

LE ROY DE COCAGNE.	
BOMBANCE,	Ministres
RIPAILLE,	
FELICINE,	Dames de la Cour.
FORTUNATE,	
ALQUIF,	Enchanteur.
PHILANDRE,	Chevalier errant.
LUCELLE,	Infante de Trebizonde.
ZACORIN,	Valet de Philandre.
GUILLOT,	Nourricier de Lucelle.
HORTULAN,	Jardiniers du Roy.
FLORIBEL,	

Plusieurs Nymphes sous la couleur des Fleurs du Parterre du Roy.

LA ROSE,	Fleur de la difficulté.
LA RENONCULE,	Fleur de la fierté.
LE PAVOT,	Fleur du sommeil.
LE SOUCI,	Fleur du tourment.
LA VIOLETTE,	Fleur de l'innocence.
LA JONQUILLE,	Fleur de la joüissance.

Troupe des Peuples Elementaires.

LES SILPHES,	Habitans de l'air.
LES SALMANDRES,	Habitans du feu.
LES ONDAINS,	Habitans de l'eau.
LES GNOMES,	Habitans de la terre.

TROUPE DE COCAGNIENS.

TROUPE D'ETRANGERS DE PLUSIEURS NATIONS.

GARDES DU ROY.

La Scene est au Pays de Cocagne.

LE ROY DE COCAGNE.

COMEDIE.

ACTE PREMIER.

SCENE I.

Le Theatre represente le Pays de Cocagne.

ALQUIF, PHILANDRE, LUCELLE, ZACORIN, GUILLOT,

PHILANDRE.

ENfin aprés avoir traversé tant de mers,
Essuyé tour à tour mille perils divers,
De tant de fiers Geans combatu la puissance,
Nous sommes arrivés dans ce lieu de plaisance,
C'est par vous, sage Alquif, divin Magicien. . . .

ALQUIF.

Sans moy vôtre valeur ne vous servoit de rien,
J'ay sçû calmer les flots, dissiper les tempêtes
Qu'un demon mal-faisant dechainoit sur vos têtes.

Je vous ay conservés, me voila satisfait.

PHILANDRE.

Qui pourra vous payer d'un si rare bien-fait?

ALQUIF.

Le plaisir d'avoir pû vous rendre ce service.
Vôtre bras vous a sçû tirer du precipice,
Où ces maudits Geans vous avoient entraîné;
Mais enfin sur la mer le courage est borné,
La valeur ne met point à l'abri d'un orage.
Mon art seul vous pouvoit garantir du naufrage,
Il l'a fait, & le prix de ce puissant secours
Je le trouve à pouvoir couronner vos amours:
Vivez heureux, Philandre, avec vôtre Lucelle,
Elle toûjours constante, & vous toûjours fidelle;
Dans cette Isle goutés les plaisirs les plus doux.

ZACORIN.

Ouy, mais par parenthese, en quels lieux sommes nous?
J'ay vû de beaux chasteaux, une belle campagne.

ALQUIF.

Vous estes, mes amis, au Pays de Cocagne.

ZACORIN.

Au Pays de Cocagne, allons vite manger,
Dans quelque bon endroit cherchons à nous loger.

GUILLOT.

Ouy morgué, c'est bien dit, cherchons nôtre pitanse,
Je crevons tous de faim.

ALQUIF.

Un peu de patience.

ZACORIN.

Depuis prés de deux jours je n'ay mangé ny bû.
Mon estomac en gronde, & veut estre repû.

PHILANDRE.

Sommes-nous mieux que vous?

GUILLOT.

Vous nous la baillés belle,
Vôtre amour vous nourrit, avec vôtre Lucelle.

PHILANDRE.

Comment?

ZACORIN.

Il a raison, dans tous vos déplaisirs,
Vous avalés des pleurs, vous gobés des soupirs,
Vous croqués des baisers, & dans tout le voyage...;
Mais que demande icy ce grotesque visage?

PHILANDRE.

Voyons.

SCENE II.

ALQUIF, PHILANDRE, LUCELLE, BOMBANCE, ZACORIN, GUILLOT.

BOMBANCE.

Je viens sçavoir qui vous amene icy.

ZACORIN.

La faim & le plaisir de vous y voir aussi.

BOMBANCE.

Vous estes bien tombés, nous vous ferons grand' chere;
Quelles gens estes-vous? il ne me faut rien taire.

PHILANDRE.

Je fais profession de Chevalier errant.
Ayant pour cette Dame eu quelque different,
Et dans l'occasion embrassé sa querelle,
Je me suis vû contraint de partir avec elle.
Aprés bien des perils, un destin plus heureux
Nous a conduits enfin dans ces aimables lieux.

BOMBANCE.

Vous ne pouviés choisir un sejour plus tranquile,
Le Roy sera ravi de vous donner azile.
Il le faut avoüer, ma foy c'est un bon Roy,
Joyeux, de bonne humeur, à peu prés comme moy.

PHILANDRE.

A-t'il bien des sujets?

BOMBANCE.

Pas trop, car son Empire
A fort peu d'étenduë.

LUCELLE.

Et ce qu'on entend dire
De ce charmant Pays, est-ce une verité?

BOMBANCE.

Ouy, l'on le peut nommer un séjour enchanté,
Et je doute qu'au monde il en soit un semblable.

ZACORIN.

Est il vray qu'on y passe & jours & nuits à table,
Qu'on y marche en tout temps sans crainte des voleurs,
Qu'on n'y souffre Avocats, Sergens ny Procureurs,
Que l'on n'y plaide point, qu'on n'y fait point la guerre,
Que sans y rien semer, tout vient dessus la terre,
Que le travail consiste à former des souhaits,
Que l'on y rajeunit, & que de nouveaux traits....

BOMBANCE.

Il n'est rien de plus vray, mais prêtez-moy l'oreille.
Je vais vous raconter merveille sur merveille.
Quand on veut s'habiller, on va dans les forests
Où l'on trouve à choisir des vêtemens tout prêts;
Veut-on manger? les mets sont épars dans nos plaines,
Les vins les plus exquis coulent de nos fontaines:
Les fruits naissent confits dans toutes les saisons,
Les chevaux tout scellez entrent dans nos maisons,
Le pigeonneau farci, l'alouëtte rotie
Nous tombent icy-bas du ciel comme la pluye;
Dès qu'on ouvre la bouche, un morceau succulent...

ZACORIN.

Ma foy j'ay beau l'ouvrir, il n'y vient que du vent.

BOMBANCE.

L'heure n'est pas venuë, attens que le Roy dine.

ZACORIN.

Ils sont long temps là-haut à faire la cuisine,
En attendant le Roy, ne nous pourriez vous pas
Faire pleuvoir toujours icy deux ou trois plats?

BOMBANCE.

Il n'est pas encor temps, le Peuple elementaire,
Qui sans se faire voir met ses soins à nous plaire,
A son heure reglée à travailler pour nous.

PHILANDRE.

Un Peuple elementaire a commerce avec vous?
Et quel est-il ce Peuple?

BOMBANCE.

Un Peuple amy des hommes;
Les Sylphes, les Undains, les Salmandres, les Gnomes.

LUCELLE.

Comment vous pretendés que dans chaque element
Il soit un Peuple?

BOMBANCE.

Ouy.

ZACORIN.

Quoy dans l'air?

BOMBANCE.

Ouy vrayment.
Les Sylphes, par exemple, entourez d'une nuë....

ZACORIN.

Ils ont pour promenade une belle étenduë.

GUILLOT.

Mais morgué dans le feu?

BOMBANCE.

Les Salmandres y sont.

GUILLOT.

Au diable qui voudroit avoir le chaud qu'ils ont.

BOMBANCE.

Les Undains sont dans l'eau, les Gnomes dans la terre;
Et quoy qu'entr'eux souvent ils se fassent la guerre,
Ils sçavent s'accorder pour nous faire plaisir,

Et nous servir icy selon nôtre desir,
Les habitans de l'air vont pour nous à la chasse,
Les Undains font entrer les poissons dans la nasse ;
Et quand les Gnomes ont preparé ces mets là,
Les habitans du feu font rotir tout cela.
Mais le Roy va venir, il est dans son parterre
A parcourir les fleurs qu'y fait naitre la terre.
Sçavez vous quelles fleurs ?

ZACORIN.

Non.

BOMBANCE.

De jeunes beautez,
Des Nymphes dont l'aspect rend les sens enchantez ;
Elles prennent la forme ou des lis ou des roses,
Ou d'autres belles fleurs nouvellement écloses,
Elles en ont l'odeur, l'attribut, les couleurs.

ZACORIN.

Quoy le jardin du Roy produit de telles fleurs ?
Je veux y labourer ; ces roses feminines
Malgré tous leurs appas peut estre ont des épines ;
Mais quand j'auray mangé, j'iray tantôt sans bruit
Cueillir dans ce jardin quelque belle de nuit ;
Le tout pour éprouver si ce n'est point mensonge,
Car tout ce que j'entens ne me paroit qu'un songe ;

On entend une symphonie.

Mais d'où peuvent venir ces sons harmonieux ?

BOMBANCE.

Sans doute c'est le Roy qui rentre dans ces lieux,
Il ne marche jamais qu'il n'ait de la musique,
Jusques aux animaux, chacun icy s'en pique.

GUILLOT.

Le biau charivari ! Quoy les chats & les chiens....

BOMBANCE.

Les ânes même.

ZACORIN.

Ils sont icy musiciens,

Les ânes !

BOMBANCE.

Ouy vrayment ; ils ont certains organes.

ZACORIN.

Et les musiciens parmy nous sont des ânes.
Voyez la difference.

BOMBANCE.

Allez quelques momens
Admirer la beauté de nos appartemens.
Je previendray le Roy ; je l'entens qui s'avance,
Il va tenir conseil, & donner audiance.

GUILLOT.

Quoy bailler audiance au milieu de ce champ ?

BOMBANCE.

Les Gnomes vont bâtir un palais à l'instant.

Le Theatre change, & il s'éleve un Palais bâti de sucre dont les colonnes sont de sucre d'orge, & les ornemens de fruits confits.

Eh bien, qu'avois je dit ?

GUILLOT.

La plaisante methode !
Morgué je n'ay jamais rien vû de plus commode.

PHILANDRE.

J'admire ce Palais.

ZACORIN.

Il me paroit galant.

BOMBANCE.

Mais le meilleur de tout c'est qu'il est excellent,
Il est bâti de sucre, orné de confitures.

GUILLOT.

Morguenne que j'allons manger d'architectures.

BOMBANCE.

Le blanc que vous voyés c'est du sucre candi.

ZACORIN.

Allons, mon cher Guillot, au plûtôt goutons-y.

BOMBANCE.

Et ces colonnes sont faites de sucre d'orge.

GUILLOT.

Morgué ç'à me vient bien, car j'ay mal à la gorge.

BOMBANCE.

Tout doux, dans ce palais n'allez rien ravager,
Ce n'est qu'en le quittant qu'on le pourra manger.

GUILLOT.

Mocquons-nous de cela, morgué, vaille que
vaille.

BOMBANCE.

Arrestés, vous ferés fondre nôtre muraille,
Peste soit des coquins, ils vont tout écorner.

ZACORIN.

Helas à nôtre faim vous devez pardonner.

BOMBANCE.

Vous mangerés tantôt. Voyez quelle insolence:
Gruger nôtre Palais, le Roy.... Mais il s'avance.

SCENE III.

LE ROY, BOMBANCE, RIPAILLE,
Suite des Courtisans.

LE ROY. *Le Roy entre au bruit de la symphonie.*

QUe chacun se retire, & qu'aucun n'entre icy.
Bombance, demeurés, & vous, Ripaille, aussi.
Cet Empire envié par le reste du monde,
Ce pouvoir qui s'étend une lieuë à la ronde,
N'est que de ces beautés dont l'eclat éblouït,
Et qu'on cesse d'aimer sitôt qu'on en jouït.
Je ne suis pas heureux tant que vous pourriés croire.
Quel diable de plaisir, toûjours manger & boire?
Dans la profusion le goût se ralentit,
Il n'est, mes chers amis, viande que d'apetit,
Je me lasse sur-tout, amant de tant de belles,
De ne pouvoir trouver quelques beautés cruelles,
De ces cœurs de rochers qui s'arment de rigueurs,
Qui par leur resistance excitent les ardeurs,

Et dont on n'obtient rien à moins qu'on ne le vole.
On dit que de l'amour c'est là la rocambole.
Je suis donc resolu, si vous le trouvés bon,
De laisser pour un temps le trône à l'abandon.
Le trône cependant est une belle place,
Qui la quitte, la perd. Que faut-il que je fasse?
Je m'en rapporte à vous, & par vôtre moyen
Je veux estre Empereur, ou simple Citoyen.

BOMBANCE.

Sire, je l'avoûray, c'est une triste vie
De voir à tous momens prevenir son envie,
Et des plus frians mets l'estomac toûjours plein,
N'avoir pas le loisir d'avoir ny soif ny faim,
Les plaisirs ne sont doux qu'aprés un peu de peine.
Quittés donc pour un temps la grandeur souveraine,
Par trop d'oisiveté vos membres vous sont vains:
Servés vous de vos pieds, faites agir vos mains,
Et pour trouver du goût à faire bonne chere,
Jeunés deux ou trois jours; ce n'est pas une affaire.
Si le trop de santé vous cause des dédains,
Souffrés dans vos Etats deux ou trois Medecins,
Ils vous la détruiront, je me le persuade.
Voilà mon sentiment. A vous, mon camarade.

RIPAILLE.

Ouy, je croy que le Roy feroit fort sagement
De pouvoir quelquefois manger moins goulument;
Ne point laisser ses pieds, ses mains en lethargie;
Mais quitter son pouvoir? c'est ce que je dénie.
Ah! qu'il est beau de voir un peuple à ses genoux,
Pouvés-vous vous lasser de n'obéir qu'à vous?
Comment vous vous plaignés que tout va par écuelle?
Et que la mariée est, comme on dit, trop belle?
Gardez vôtre couronne, elle vous va trop bien,
Vous seriés bien penaut si vous n'estiés plus rien.
Que l'amour du Pays, que la pitié vous touche,
Cocagne à vos genoux vous parle par ma bouche;
Et pour mieux assurer le bien commun de tous,

Donnés un successeur qui soit digne de vous.

LE ROY.

N'en deliberons plus ; aprés tout quand j'y pense,
J'allois faire le sot de quitter ma puissance ;
Peut-estre dans deux jours je m'en mordrois les
doigs,
Un sage Conseiller est le bonheur des Rois.
A force de choisir on prend souvent le pire.
Ripaille, je vous crois, & retiendray l'Empire :
Et pour recompenser ce conseil à l'instant,
Je prétens vous donner dix mille écus comptant.
Quoyque l'argent icy soit fort peu necessaire,
Il en faut pour jouër. Voyés mon Secretaire,
Faites en dresser l'ordre, & je le signeray.
Allez.

BOMBANCE.

Ce n'est pas tout, Sire, je vous diray
Que quelques Etrangers arrivés dans cette Isle,
Viennent vous supplier de leur donner azile.

LE ROY.

Volontiers, où sont ils ?

BOMBANCE.

Je m'en vais les chercher.

LE ROY.

Fort bien. Mais cependant qu'on me fasse approcher
Les Fleurs qu'en mon parterre aujourd'huy j'ay
choisies,
Elles meritent bien l'honneur d'estre cueillies,
Qu'on ouvre le jardin.

SCENE IV.

LE ROY, HORTULAN, FLORIBEL, Plusieurs Fleurs de differentes especes.

Le Theatre change & represente un jardin magnifique; plusieurs Nymphes y sont sous la figure des Fleurs.

LE ROY *continuë.*

LEs brillantes couleurs!
Je ne me souviens plus du blazon de ces Fleurs.

HORTULAN.

Nous allons l'expliquer, mais à nôtre maniere,
Qu'on trouvera peut-estre assés particuliere:
Les Fleurs par leur symbole expriment tour à tour
Les plaisirs, les tourmens qu'on éprouve en amour.
Le Prime verd est esperance,
Et l'Hyacinthe amour chagrin,
La Marguerite patience,
Et l'Immortelle amour sans fin.

FLORIBEL.

La Fleur d'Iris est inconstance,
L'Eliotrope attachement,
Chevrefeüille concupiscence,
Et la Pensée amusement.

HORTULAN.

Le Muguet est coqueterie,
Et la Renoncule fierté,
La Marjolaine tromperie,
Et le Barbeau fidelité.

FLORIBEL.

Anemone est perseverance,
Fleur de Laurier ardent desir,
Jonquille enfin est joüissance,

Et Fleur de Pomier repentir.

HORTULAN.

Tubereuse est dedains mais dans leurs chansons, Sire
De tous leurs attributs elles vont vous instruire.

ENTRE'E DES FLEURS.

HORTULAN chante.

Charmantes Fleurs, qui tour à tour
Naissant dans le jardin d'Amour,
De ce Dieu marqués la puissance,
De vos diverses beautés
Nos yeux sont enchantés,
Nous ne sçavons à qui donner la preference,
Etalés nous vos qualités,
Nous en ferons la difference.

Entrée des Fleurs.

LA ROSE, Fleur de la difficulté.

Entre mille Fleurs nouvelles
L'Aurore a pris le soin de m'embellir,
Plus mes épines sont cruelles,
Plus il est doux de me cueillir.

LA RENONCULE, Fleur de la Fierté.

Pour des fleurettes,
De feintes douceurs.
Nous n'avons que rigueurs,
Avec nous point d'amourettes,
Point de faveurs
Pour des fleurettes.
Nous ne livrons nos cœurs
Qu'à des ardeurs parfaites
Dans nos retraites,
Amans trompeurs,
N'esperés pas cueillir des Fleurs
Pour des fleurettes.

Entrée des Roses & des Renoncules.

LE PAVOT, Fleur du sommeil.

Amans mal-traités de vos belles,
Ayez recours à mes Pavots,

Dans

Dans les charmes du repos
On ne trouve point de cruelles,
Les songes amoureux
Que mon pouvoir fait naitre,
Par de douces erreurs sçauront combler vos vœux.
On n'est jamais plus heureux
Que quand on le croit estre.

LE SOUCI, Fleur du tourment.

Sans souci, sans tourment,
Sans chagrin, sans martyre,
Sans souci, sans tourment,
Nul plaisir en aimant.
Un cœur toûjours content dans l'amoureux Empire,
Ne connoit pas le prix d'un fortuné moment,
Un tendre amant qui se plaint, qui soupire,
Quand il obtient ce qu'il desire,
Trouve son bonheur plus charmant,
Sans souci, sans tourment,
Sans chagrin, sans martyre,
Sans souci, sans tourment,
Nul plaisir en aimant.

LA VIOLETTE, Fleur de l'innocence.

Je suis la simple Violette,
Je fais le plaisir de nos champs,
Je badine, je suis follette,
Profitez-en, jeunes amans,
Ne perdez pas ces doux instans,
Gardez-vous bien d'attendre,
Pour me cueillir il n'est qu'un temps,
Heureux qui sçait le prendre.

ENTRE'E DES VIOLETTES.

LA JONQUILLE Fleur de la jouïssance.

Non ce n'est plus le temps
De la perseverance,
Non ce n'est plus le temps
Des fideles amans.
Je couronne leurs feux, je finis leurs souffrances,
Je mets enfin le comble à leurs contentemens.

De mes faveurs quelle est la recompense ?
Je suis le prix de la constance,
Et fais souvent des inconstans.
Non ce n'est plus le temps
De la perseverance,
Non ce n'est plus le temps
Des fideles amans.

ENTRE'E DE TOUTES LES FLEURS.

LE ROY.

Mais parmy tant de Fleurs qui brillent à nos yeux,
Dis-moy ton sentiment, laquelle te plait mieux ?

FLORIBEL chante.

La jalouse Amaranthe,
Et l'Iris inconstante
Causent trop de tourment.
La dédaigneuse
Tuberense
A trop d'entêtement,
A la peine je succombe
Lors qu'il faut les arracher.
J'aime mieux la Fleur de pêcher
Qui du premier vent tombe.

LE ROY.

Ce n'est pas là mon goût, j'aime les Fleursbizares,
Et j'en voudrois trouver quelques-unes plus rares.

SCENE V.

LE ROY, HORTULAN, LES FLEURS, BOMBANCE, SUITE, &c. ALQUIF, PHILANDRE, LUCELLE, ZACORIN, GUILLOT.

BOMBANCE.

Voicy ces Etrangers.

LE ROY.

Ah ! qu'est-ce que je voy ?

L'aimable Fleur, je sens certain je ne sçay quoy,
Un frisson... une ardeur.... un.... je me donne au diable,
Si j'ay jamais encor senti rien de semblable.

PHILANDRE.

Permettés nous, Grand Roy, qu'embrassant vos genoux,
Nous venions en ces lieux vous prier....

LE ROY.

Levés-vous.

PHILANDRE.

Sire, des Etrangers que le destin contraire
A poursuivis long temps.

LE ROY.

Il ne m'importe guere,
Tout ce qu'il vous plaira, laissés moy seulement
Faire à cette beauté mon petit compliment.
Vous brillés seule en cette terre,
Vous effacés la beauté de Venus,
Les Roses de nôtre parterre
Prés de vous sont des Grattes-cus.

Toutes les Fleurs se retirent.

PHILANDRE.

Je tremble. Que veut il par là luy faire entendre ?

LE ROY.

Dites-moy, ma dondon, avés vous le cœur tendre ?
Estes-vous bien facile à vous laisser charmer ?

LUCELLE.

Sire, cette demande a de quoy m'allarmer.
A connoitre mon cœur quel soin vous interesse ?

LE ROY.

Je cherche une beauté qui soit un peu tigresse,
Je suis las que l'on vienne au devant de mes vœux,
Et je voudrois languir du moins un jour ou deux.
Parlés, de cet effort vous sentez-vous capable ?

LUCELLE.

Ah ! Seigneur, à quoy tend ce discours qui m'accable ?

LE ROY.

A vous marquer d'abord par l'offre de mon cœur....
En un mot je vous aime.

LUCELLE.

Ah pour moy quel malheur !

LE ROY.

Où donc est ce malheur, s'il vous plait ? Ma personne
Que de tous les côtés tant de grace environne,
Qui fait tous les plaisirs d'une brillante Cour,
Pourroit vous revolter en vous parlant d'amour.

LUCELLE.

Ouy, Seigneur, & malgré toute vôtre puissance.....

LE ROY.

Bon, voilà qui me plait, un peu de resistance,
Cela m'étoit nouveau. Du chagrin, du dépit,
C'est dequoy justement m'éguiser l'apetit.
Comment vous nomme-t'on ?

LUCELLE.

Sire, j'ay nom Lucelle.

LE ROY.

Lucelle. Le beau nom, il rime avec cruelle.
Orça, Lucelle, donc, grace à vôtre rigueur,
Vous aurés aujourd'huy ma couronne & mon cœur.

LUCELLE.

Sire, cette offre est vaine & n'a rien qui me tente.

LE ROY.

Plus elle me rebute & plus mon feu s'augmente ;
Jamais objet ne fut plus digne de mes vœux.
Vous qui l'accompagnés, que vous estes heureux !
Vôtre fortune est faite ; & d'abord je commence
Par vous donner à tous des Charges d'importance.

A Zacorin. *A Philandre.*

Je vous fais Echanson, & vous mon Ecuyer,

A Alquif, *A Guillot.*

Vous, mon grand Chambelan, & toy mon Tresorier.

GUILLOT.

Tresorier, ah morgué qne cette Charge est bonne !
Je recevray l'argent & ne payeray personne.

LE ROY.

Ouy, Monsieur le Manant, vous estes un fripon,
Au lieu de Tresorier, soyez Porte cotton.

GUILLOT.

Porte-cotton, morgué ce nom-là m'effarouche,
Quelle Charge est-ce-là ?

ZACORIN.

Ce n'est pas de la bouche.

PHILANDRE.

Sire, je ne sçaurois me taire plus long temps,
Vous nous comblés de biens sans nous rendre contens ;
Retirés vos bien-faits, & me laissés Lucelle.
Le Ciel fit naitre en nous une ardeur mutuelle.
Je l'adore, elle m'aime, & je perdray le jour,
Plûtôt que de quitter l'objet de mon amour.

LE ROY.

En voicy bien d'un autre. Osés-vous, temeraire,
Me parler d'un amour à mon amour contraire ?

PHILANDRE.

Quoy, Sire ? ...

LE ROY.

Taisés-vous. Si vous me raisonnés,
Je vous apliqueray du sceptre sur le nez,
Et je vous aprendray, chetive creature,
Si je suis en ces lieux un Monarque en peinture.

PHILANDRE.

Mais enfin, ...

LE ROY.

Je vous trouve un plaisant étourneau,
Vous me prenés, je croy, pour un Roy de carreau.

PHILANDRE.

Je ne me connois plus en perdant ce que j'aime,
Et j'ose icy braver & sceptre & diademe.

LE ROY.

Ah ! tu fais le mutin, va, sors de mes Etats,
Et que la fin du jour ne t'y retrouve pas.
Il est bien tôt midy, tu n'as plus que six heures ;

Et si dans mon Pays plus long temps tu demeures.

PHILANDRE.

Le temps ne me fait rien, quand j'en voudray partir,
Il ne faut qu'un quart d'heure au plus pour en sortir;
Mais je n'en sortiray que suivi de Lucelle,
La mort, la seule mort peut me separer d'elle.

LE ROY.

Oh parbleu c'en est trop. Hola; Gardes, à moy,
Qu'on le mene en prison.

LUCELLE.

Que faites vous, grand Roy?

LE ROY.

Je soutiens comme il faut la grandeur souveraine,
Dans mon apartement menés cette inhumaine,
Et ce drole au cachot.

ALQUIF.

Allez sans murmurer,
Je sçay bien le moyen de vous en retirer.

PHILANDRE.

Vos ordres, cher Alquif, arrêtent mon courage.

LE ROY.

Gardes, obeïssés sans tarder davantage.
Suivons cette cruelle, employons tout, Morbleu,
Si je n'en obtiens rien, nous allons voir beau jeu.

Fin du premier Acte.

ACTE II.

SCENE I.

Le Theatre change, & represente un Sallon magnifique.

ALQUIF, ZACORIN.

ALQUIF.

QU'en dis-tu, Zacorin?

ZACORIN.

Sans battre la campagne,
Je diray franchement que ce Roy de Cocagne
A la teste un peu chaude, & n'entend pas raison;
Mais voilà cependant mon cher Maître en prison.

ALQUIF.

Pour l'en faire sortir je sçay ce qu'il faut faire;
Et même ton secours m'y sera necessaire.

ZACORIN.

Vous n'avez qu'à parler, servez-vous de mon bras
Pour détrôner le Roy, ravager ses Etats.

ALQUIF.

Comme diable tu vas, laisse-là ta vaillance,
Nous n'avons pas besoin d'une telle vengeance,
Le Peuple elementaire est declaré pour luy,
Et nous ne serions pas les plus forts aujourd'huy.
Je ne veux seulement que joüer une piece
A ce plaisant Monarque unique en son espece.

Il s'agit de tirer ton Maître de prison,
Je feray que le Roy perdra toute raison.
J'ay parmy mes joyaux trouvé par avanture
Cette bague enchantée, elle est de la figure
De celle qui tantôt brilloit au doigt du Roy;
Il s'y pourra tromper aisément.

ZACORIN.

Je le croy,
Mais la difficulté c'est de faire l'échange.

ALQUIF.

Il se lave les mains, peut être, avant qu'il mange.
Otant son diamant pour ne le pas ternir,
Il te le donnera dans ce temps à tenir;
Et toy substituant cette bague à la place,
Tu pourras.

ZACORIN.

Je comprens ce qu'il faut que je fasse,
Je sçais escamoter, reposez vous sur moy;
Mais sera-ce pour moy le diamant du Roy?

ALQUIF.

Ne t'embarasse point quel sera ton salaire,
Et songe seulement à bien mener l'affaire.

ZACORIN.

De vôtre diamant quel est donc le pouvoir?

ALQUIF.

Tout aussi tôt qu'au doigt le Roy pourra l'avoir,
Il perdra la memoire; une espece d'yvresse
Luy fera méconnoitre amis, parens, maîtresse,
Il sera comme un fou....

ZACORIN.

Mais je croy que déja
Il n'a pas grand chemin à faire jusques-là;
Trouvez-vous, entre nous, ce Monarque fort sage?

ALQUIF.

S'il est fou je pretens qu'il le soit davantage.

ZACORIN.

Mais si perdant le peu qu'on luy voit de raison,
Il faisoit par plaisir pendre son Echanson?

ALQUIF

Ah! s'il ôsoit commettre une action si noire,
Tu serois bien vangé.

ZACORIN.

C'est ce que je veux croire,
Mais je serois pendu toûjours en attendant.

ALQUIF.

Tu n'aurois que le mal, car dans le même instant
Te mettant par morceaux, je te rendrois la vie.
Tu connois mon pouvoir.

ZACORIN.

Au diable qui s'y fie.

ALQUIF.

Nous n'en viendrons pas là.

ZACORIN.

J'y compte vrayment bien.

ALQUIF.

Va toûjours ton chemin, & n'aprehende rien,
Garde bien le secret sur tout, & que Lucelle
Ignore, ainsi que tous, ce que je fais pour elle.

ZACORIN.

C'est bien dit, elle est fille, elle pourroit jaser,
Mon Maître du secret pourroit même abuser,
Il ne manqueroit pas, par excés de tendresse,
D'en faire confidence à sa chere maîtresse.
Je connois les amans: tous deux n'en sçauront rien,
Et le tout se fera de vous à moy.

ALQUIF.

Fort bien.
Tiens, prend donc cette bague.

ZACORIN.

Et si par sa puissance
J'allois devenir fou, moy-même, par avance?
Les mocqueurs sont mosqués, souvent cela se voit.

ALQUIF.

Tout le charme n'agit que quand elle est au doigt.
Adieu, je vais de l'œil conduire toute chose,
Afin qu'à nos projets icy rien ne s'oppose.

SCENE II.

Zacorin met la bague enchantée sans y penser, & s'apercevant que la teste luy tourne, il l'ôte de son doigt en faisant plusieurs tours de Theatre.

ZACORIN *seul.*

MA foy dans tout cecy je crains fort pour mes os,
Je vois que je m'embarque un peu mal à propos,
Si le Roy s'aperçoit du changement de bague,
Où si ses Courtisans, voyant qu'il extravague.....
Mais il est inutile à present d'en parler,
Je suis trop avancé pour oser reculer.
Quelqu'un vient, taisons-nous.

SCENE III.

RIPAILLE, ZACORIN.

RIPAILLE.

GRande, grande nouvelle,
Le Roy va triompher de la fiere Lucelle,
Elle va l'épouser pour sauver son amant,
Et tout pour leur hymen s'aprête en ce moment.
Voicy pour le festin la salle preposée,
Le Ciel y va bientôt envoyer sa rosée,
Les plus rares parfums y seront répandus,
Les concers les plus doux y seront entendus,
Et ce qui peut charmer le toucher & la vûë......

ZACORIN.

A quoy bon pour passer les cinq sens en revûë,
Tout ce grand verbiage? Il faut dire on verra,

Entendra, goûtera, sentira, touchera.
Voilà ce qui s'apelle un stile lacônique,
Et c'est de la façon que j'aime qu'on s'explique.
Mais avant de gouter ces plaisirs plus qu'humains,
(Instruisés moy) le Roy lavera t'il ses mains?

RIPAILLE.

Plaisante question. S'il en a fantaisie.

ZACORIN.

Je l'en avertiray de peur qu'il ne l'oublie.

RIPAILLE.

Et de quoy vôtre esprit est-il inquieté?

ZACORIN.

Je suis son Echanson, j'aime la propreté.

RIPAILLE.

Eh, qu'il les lave, ou non, allés, laissés le faire;
Mais adieu, je m'en vais trouver le Secretaire,
Pour luy faire dresser l'Ordonnance à l'instant,
Qui me fera payer dix mille écus comptant.

SCENE IV.

ZACORIN *seul.*

COmme le sexe change! Oh Ciel! est-il possible,
Que pour un autre amant Lucelle soit sensible?
Philandre, mon cher Maître, helas! que je te plains,
Si le Roy par hazard ne lavoit point ses mains,
Tu verrois dans ses bras la perfide Lucelle,
Et malgré ton amour.... Mais voicy l'infidelle.

SCENE V.

LUCELLE, ZACORIN.

LUCELLE.

C'Est toy, cher Zacorin.

ZACORIN.

Et ouy vrayment, c'est moy,

Qui raisonnois tout seul sur vôtre peu de foy,
Aprés tant de sermens, allez le tour est traitre.

LUCELLE.

Voulois-tu qu'à mes yeux on immolât ton Maître?
Le Roy me menaçoit de le faire mourir,
Quand je puis le sauver, l'aurois-je vû perir?

ZACORIN.

Chansons que tout cela, vous voulés estre Reine.

LUCELLE.

Ah! par de tels discours n'augmente pas ma peine.
Pour te desabuser écoute mon projet.
J'espere que bientôt il aura son effet.
Tu vois bien que le Roy veut des beautés cruelles,
Parce qu'en son Pays il en est peu de telles,
Mes refus ne feroient que redoubler ses feux,
Et je prens le party de répondre à ses vœux,
De le feindre, du moins; me trouvant si traitable,
Il pourra se guerir de son amour.

ZACORIN.

Du diable,
Allez, avant ce temps, Zacorin pourra bien....
Mais quelqu'un vient icy, quittons cet entretien.

SCENE VI.

LUCELLE, FORTUNATE, FELICINE, BOMBANCE, ZACORIN.

BOMBANCE.

Grande Reine, je viens de la part de mon Maître
Vous dire que bientôt vous le verrés paroitre;
En attendant, voicy deux Dames de sa Cour,
Qu'il honore du nom de vos Dames d'atour;
Et comme toutes deux sont sages & prudentes,
Elles vous serviront aussi de Gouvernantes.

SCENE

SCENE VII.

LUCELLE, FELICINE, FORTUNATE, ZACORIN.

LUCELLE.

QUoy! pour me gouverner il choisit des enfans?

FELICINE.

Des enfans, dites-vous? nous avons cinquante ans.

ZACORIN.

Cinquante ans? hé comment cela se peut-il faire?
Vous en paroissez dix.

FELICINE.

Il faut te satisfaire,
Et contenter icy ta curiosité.
Comme aprés cinquante ans se passe la beauté,
Les femmes du Pays ayant atteint cet âge,
N'en ont point de dépit. Elles ont l'avantage
De retourner soudain à l'âge de dix ans,
Et rentrent, sans hyver, de l'automne au printemps.

ZACORIN.

Si nos Dames sçavoient de ce Pays l'usage?
Combien entreprendroient dés demain le voyage.

LUCELLE.

De mon étonnement je ne puis revenir!

FORTUNATE.

Icy l'on ne craint point un facheux avenir;
Et comme on rajeunit sans perdre la memoire,
Des cinquante ans passés on rappelle l'histoire,
On previent les perils, on sçait se derober
Des pieges des amans où l'on a pû tomber.

ZACORIN.

Quelques uns autrefois vous ont-ils attrapée?

FORTUNATE.

Oh que ouy; mon enfant, j'ay tant esté trompée;

Mais je suis aguerie; & pour tout dire enfin,
Qui voudra m'attraper, se levera matin.

ZACORIN.

Si bien donc, desormais que vous serés plus fine,
Et vendrés vôtre son mieux que vôtre farine.
Si de vôtre memoire il n'est point effacé,
Faites nous un recit de vôtre temps passé.

FORTUNATE.

Volontiers. A quinze ans je fus trop innocente,
Je pris ce qui s'offroit d'une ardeur imprudente,
C'estoit un écolier, jeune, joly, bienfait,
Mais le petit fripon estoit un indiscret.
A vingt ans j'en pris un qui me parut plus sage,
Mais il estoit jaloux, jaloux jusqu'à la rage.
A trente je fis choix d'un vieillard amoureux,
Il s'efforçoit en tout de prevenir mes vœux,
Le bon homme faisoit tout ce qu'il pouvoit faire;
Mais tout ce qu'il pouvoit, n'avoit pas de quoy plaire.
Enfin sur mes vieux jours voulant gouter de tout,
Et des vieilles du temps me conformer au gout,
Je pris un petit Maître. Ah! la maudite engeance,
Qu'il m'a fait de chagrin & causé de depense!
Pour me recompenser de mes soins bienfaisans,
Il en entretenoit une autre à mes dépens.

ZACORIN.

A present des amans connoissant le manege,
Bien hupé qui pourra vous attraper au piege.
Et vous, ma belle Dame, à vôtre air serieux,
On pourroit presumer que vous avez fait mieux.

FELICINE.

Encor pis. En prenant un chemin tout contraire,
Jusques à quarante ans je fus prude & severe,
J'accablay de rigueurs le plus tendres amans,
Je méprisay leurs soins, leurs doux empressemens,
A la fin se lassant de me voir inhumaine,
Ils deserterent tous, & briserent leur chaine,
J'en fus picquée au vif, à ne vous rien celer,

Et voulus, mais trop tard, enfin les rappeller.
J'avois pris leur amour, eux mon indifference,
Leurs yeux estoient ouverts, & les miens sans puissance.
Lors que je me vis seule & sans adorateurs,
Que je me repentis de toutes mes rigueurs!

ZACORIN.

Dieu sçait si vous allés, aprés cette avanture,
Vous bien dedommager.

FELICINE.

Oh! je vous en assure.

FORTUNATE.

Il faudra desormais nous conduire avec art,
Je fus trop tôt coquette, & vous un peu trop tard.

ZACORIN.

Pour n'estre point la dupe en quoy qu'on se propose,
Ma foy l'experience est une belle chose.

FELICINE *à Lucelle.*

Reglez-vous là dessus, mon enfant, evitez
En toutes occasions les deux extremitez.

ZACORIN.

Suivez bien les avis de vos deux Gouvernantes,
Qu'un long âge & l'epreuve ont faites si sçavantes?

LUCELLE.

Quand j'épouse le Roy, qu'ay-je besoin de vous?

FORTUNATE.

Eh! nous vous instruirons à mener un époux,
Vous aprendrés par nous à le rendre fidelle!
A faire qu'à ses yeux vous soyés toûjours belle,
Et que de vos liens il ne puisse échaper;
Nous vous aprendrons tout, & méme à le tromper.

ZACORIN.

Comment? à le tromper lors qu'à vous il se fie?

FELICINE.

C'est façon de parler, pour luy prouver l'envie
Qu'on a de la servir.

ZACORIN.

C'est fort bien fait, vrayment.

Mais sous terre je sens un certain mouvement.

FELICINE.

Ce que vous allés voir, c'est l'ouvrage des Gnomes
Habitans de la terre invisibles aux hommes.
Les habitans de l'onde, & de l'air & du feu,
Pour aporter les mets arriveront dans peu.

FORTUNATE.

Le Roy vient, paroissez moins triste, je vous prie,
Nous allons donner ordre à la cérémonie.
Quand vous aurés dîné, le Roy vous conduira
Au Temple de Comus où l'on vous mariera.
Du Temple sur un trône & magnifique & leste,
Du trône.... Adieu, tantôt on vous dira le reste.

SCENE VIII.

LE ROY, LUCELLE, BOMBANCE, ZACORIN, OFFICIERS DE LA BOUCHE, GUILLOT.

LE ROY.

MA charmante, je touche au bien-heureux moment
Qui va mettre le comble à mon contentement.

LUCELLE *à part.*

Philandre, cher Philandre! O tristesse mortelle!
Pour te sauver le jour, faut il t'estre infidelle?

ZACORIN *presentant un bassin au Roy.*

Sire....

LE ROY.

Que voulés vous? Tous ces apprets sont vains.

ZACORIN.

Quoy?...

LE ROY.

Je viens là dedans de me laver les mains.

ZACORIN.

Et ne voulés-vous pas les laver davantage?

LE ROY.

Et par quelle raison les laver, dis?

ZACORIN *à part*.

J'enrage.

Sire, dans nos climats, la coûtume des Rois
Est de laver leurs mains toûjours deux ou trois fois,
Et si vous vouliés....

LE ROY,

Non. Vous estes bien étrange.

ZACORIN.

Je vous les laverois à l'eau de fleurs d'orange.

LE ROY.

Il n'en est pas besoin, vôtre importunité....

ZACORIN.

Tout ce qu'il vous plaira; pourtant la propreté....
Et sur tout dans les Rois; quand ils ont les mains nettes,
Les presens qu'ils nous font....

LE ROY.

Finissés vos fornettes.

ZACORIN *à part*.

Il ne lavera pas ses mains absolument,
Et je ne feray point le troc du diamant.

LE ROY.

Venez, Reine, il est temps de nous placer à table.

ZACORIN.

Ah! le beau diamant!

LE ROY.

Il est assés passable.

ZACORIN *l'examine & éternuë sur la main du Roy.*

Que je le voye un peu.

LE ROY *prenant une serviete s'essuye la main.*

Peste soit du vilain,
Du mal-propre qui vient de cracher sur ma main.

ZACORIN.

Sire, c'est mon défaut, & toujours j'éternuë

Lors qu'un beau diamant vient m'éblouïr la vûë.

LE ROY.

Ton impudence enfin commence à m'ennuyer.

ZACORIN.

Donnez ce diamant, je men vais l'essuyer,
Et vous lavant les mains....

LE ROY.

Encor, va-t'en au diable,
Et laisse moy, maraut, enfin me mettre à table.
Que l'on serve au plûtôt

ZACORIN *à part.*

Tous mes efforts sont vains,
Rien ne peut l'obliger à se laver les mains.

On entend un air de simphonie sur lequel les Silphes & les Salmandres descendent du ciel, & aportent les mets que les Undains & les Gnomes servent sur table. Plusieurs fontaines de vin coulent au buffet, & tombent dans des cuvettes.

ZACORIN *continuë.*

Quelle profusion, l'agreable mélange!
Allons, buvons toûjours, attendant que je mange.

LE ROY *se mettant à table avec Lucelle.*

A boire.

BOMBANCE.

A boire au Roy.

ZACORIN.

Bon, c'est là mon employ.
Goutons à tous les vins.

BOMBANCE.

A boire, A boire au Roy.

GUILLOT.

A boire au Roy.

ZACORIN *au buffet.*

Parbleu donnés-vous patience,
Il faut bien de ces vins faire la difference,
Pour que sa Majesté boive au moins du meilleur.

Il presente une coupe au Roy.

Sire, en voilà du goût de vôtre serviteur.

LE ROY.

Allons à la santé de la future Reine.
Razade.

ZACORIN.

Tope, Sire, elle en vaut bien la peine.

GUILLOT *crie.*

Le Roy boit.

BOMBANCE.

Taisés vous, vous nous étourdissez.

Aux Musiciens.

Et vous, chantez ces airs pour l'hymen.

UN MUSICIEN.

C'est assez.

ON CHANTE.

C'est l'amour qui t'appelle,
Hymen, viens embellir ce fortuné sejour,
Ton flambeau va briller d'une flamme nouvelle,
Les jeux, les ris, les graces tour à tour
Vont écarter les chagrins de ta Cour;
C'est l'amour qui t'appelle,
Hymen, viens embellir ce fortuné sejour.
Le flambeau du jour
Ne répand point une clarté plus belle
Que celuy de l'hymen allumé par l'amour.
C'est l'amour qui t'appelle,
Hymen, viens embellir ce fortuné sejour.

LE ROY.

Vous n'avez pas encore entendu nos merveilles,
Vous, dont la voix charmante enchante les oreilles,
Assemblés par vos chants les oiseaux d'alentour,
Qu'ils viennent tous icy pour chanter nôtre amour.

UN MUSICIEN.

Quittez vos feüillages,
Tendres habitans des forêts,
Volez, venez en ce Palais,
Y faire entendre vos ramages,
De vos chants melodieux,
Rossignols, remplissez ces lieux.

On entend le ramage de plusieurs oiseaux.

La simphonie imite le chant des Rossignols.

Et vous, aimables Tourterelles,
Inspirés-nous
Vos ardeurs fidelles.

La simphonie imite le chant des Tourterelles.
Ensuite un Merle sifle.

Insolens oiseaux, taisez vous,
En vain vôtre voix s'aprete
A se méler à des concerts si doux,
Fuyez, Hibeux, fuyez, Coucous,
Vous ne serez pas de la feste.

La simphonie imite le chant des Coucous.

LE ROY *se levant de table,*

Ils en pourroient bien estre, & mon cœur en murmure,
Ces vilains oiseaux-là sont de mauvais augure.

SCENE IX.

LE ROY, BOMBANCE, RIPAILLE, LUCELLE, ZACORIN, &c.

RIPAILLE.

Sire, pour vôtre hymen on a tout preparé,
Le Grand Prétre est au Temple, & l'Autel est paré.

LUCELLE.

O Ciel! quel coup de foudre!

LE ROY.

Allons, charmante Reine,

RIPAILLE.

Si vôtre Majesté vouloit prendre la peine,
Avant que de sortir, de me signer cela.

LE ROY.

Trés-volontiers.

RIPAILLE.

De l'encre, une plume,

ZACORIN.

En voilà.

Zacorin répand le cornet d'encre sur la main du Roy, & sur l'Ordonnance.

LE ROY.

Ah! le maudit butor.

ZACORIN.

Sire, excusés mon zele.

LE ROY.

Vite de l'eau. Toûjours quelque frasque nouvelle.
Oh! le plus étourdi d'entre tous les humains!

ZACORIN *apportant le bassin & l'eguiere.*

Je le sçavois bien, moy, qu'il laveroit ses mains.

LE ROY.

Il faut que j'aye icy bien de la patience.

RIPAILLE.

Ce faquin a gâté toute mon Ordonnance,
Allons vîte en dresser une autre.

SCENE X.

LE ROY, LUCELLE, BOMBANCE, ZACORIN, GUILLOT.

Icy le Roy quitte sa bague pour se laver les mains, & dans ce temps Zacorin luy presente la bague enchantée à la place de la sienne, que le Roy met à son doigt.

ZACORIN.

En verité,
Quand il faut vous servir j'ay tant d'activité,
Sire, que fort souvent quand mon devoir m'abuse....
Enfin quoy qu'il en soit, je vous demande excuse.

LE ROY *ayant au doigt la bague enchantée.*

D'où me vient tout à coup cet éblouïssement?

Je ne sçay où je suis. Quel soudain changement!....

ZACORIN *à part.*

La bague va jouër son jeu, laissons la faire.

LE ROY *extravagant.*

Que faites-vous icy, femelle temeraire?

BOMBANCE.

C'est la Reine, Seigneur.

LE ROY *extravagant.*

Reine! de quel Pays?

BOMBANCE.

De Cocagne.

LE ROY *extravagant.*

Comment, mes Etats envahis
Auroient donc tout d'un coup ainsi changé de maître?

BOMBANCE.

Que veut dire le Roy? je n'y puis rien connoitre.

LUCELLE.

Il paroit en effet qu'il perd le jugement,
Serois-je assés heureuse en cet évenement?

BOMBANCE.

L'amour auroit-il pû luy troubler la cervelle?
Quoy, Sire, dans le temps que l'aimable Lucelle
Doit estre vôtre epouse, & qu'un nœud glorieux?...

LE ROY *extravagant.*

Comment donc mon epouse? ôtés-vous de mes yeux,

Bombance sort.

Je vous trouve plaisant.

GUILLOT.

Sa bile se remuë,
S'il luy prenoit envie.... Otons nous de sa vûë.

Il sort.

LE ROY *extravagant.*

Et vous aussi, Mamie, au plûtôt détalons,
Cherchés fortune ailleurs, tournés moy les talons.

LUCELLE.

Que je conçois d'espoir de cette frenesie!
Luy puisse-t'elle, helas, durer toute la vie.
Cependant delivrons Philandre si je puis. *Elle sort.*

LE ROY *extravagant.*

Gardes.

UN GARDE.

Seigneur ?

LE ROY *extravagant.*

Voyés làdedans si j'y suis.

SCENE XI.

LE ROY, ZACORIN.

LE ROY *dans sa folie.*

AH ! Prince, demeurés, vous m'estes necessaire.

ZACORIN.

Moy, Prince ! voicy bien encor une autre affaire,

LE ROY *dans sa folie.*

Je vous avois prié de dîner avec moy,
Mais vous voyés.

ZACORIN.

Je voy que nous avons dequoy,

Zacorin se met à table avec le Roy.

Allons, dînons, Seigneur.

LE ROY *dans sa folie.*

Contés moy quelque histoire.

ZACORIN.

Une histoire à present ? ma foy, parlons de boire,
Ou plûtôt de manger.

LE ROY *dans sa folie.*

Agissez sans façon.

Seroit-ce vôtre avis, dites moy, Prince ? ...

ZACORIN *la bouche pleine.*

Non.

LE ROY *dans sa folie.*

Qu'oubliant tous les soins que je dois à l'Empire,
Je prisse une moitié, qui comme un diable....

ZACORIN.

Pire.

LE ROY *dans sa folie.*

Me causeroit peut estre un chagrin inouy.
Vous connoissés le sexe, il est bien mauvais ...

ZACORIN.

Ouy.

LE ROY *dans sa folie.*

Je n'en feray donc rien, & je veux vous en croire,
Prince, vôtre conseil merite bien....

ZACORIN.

A boire.

SCENE XII.

LE ROY, RIPAILLE, ZACORIN,

LE ROY *dans sa folie.*

QUE voulés-vous?

RIPAILLE.

Seigneur, c'est un autre papier.

LE ROY *dans sa folie.*

Quoy? quelque livre encor qu'on me veut dédier?

RIPAILLE.

Me prendre pour auteur, sa Majesté se raille.
Quoy! Méconnoissés vous le fidele Ripaille,
Sire?

LE ROY *dans sa folie.*

Ripaille soit. Que voulés-vous, voyons?

RIPAILLE.

Vous prier de signer l'Ordonnance.

LE ROY *lisant*

Lisons.

Que l'on paye à Ripaille en especes valables
Dix mille écus comptant. .. Allés à tous les diables.
Comment dix mille écus seroient ainsi donnés?
Seigneur, qu'en dites-vous?

ZACORIN.

ZACORIN.

Ouydà, c'est pour son nez.
Ah voyez donc, c'est bien ainsi qu'on vous emboîse!
Allons, tirés.

SCENE XIII.

LE ROY, ZACORIN.

ZACORIN.

A Vous, Majesté Cocagnoise.

LE ROY *dans sa folie.*

Ouydà, tope.

SCENE XIV.

LE ROY, LUCELLE, ZACORIN.

LUCELLE.

SEigneur, je reviens sur mes pas,
Vos ordres rigoureux vont causer mon trepas.
De la triste prison où Philandre respire,
On m'interdit l'aproche, & j'ose icy vous dire....

LE ROY *dans sa folie.*

Qui l'a mis en prison?

LUCELLE.

Vôtre commandement.

LE ROY *dans sa folie.*

Vous estes folle ou moy; Pourquoy? Quand? Et comment?

LUCELLE.

Sire, je ne dis rien que de trés-veritable.

ZACORIN.

Sire, il faut des prisons tirer ce pauvre diable.

LE ROY *dans sa folie.*

Tenés voilà ma bague, allés l'en retirer,
Le Geolier la voyant vous le va delivrer.

LUCELLE.

Seigneur, que de bontés !

SCENE XV.

LE ROY, ZACORIN.

LE ROY *ayant quitté sa bague rentre dans son bon sens.*

N'Est-ce point reverie ?
Il me semble sortir de quelque lethargie,
Je suis tout ebloüi de tout ce que je voy,
Je ne puis faire un pas, tout tourne devant moy.
Hola, l'amy, dis-moy, n'as-tu point vû Lucelle ?

ZACORIN *yvre.*

Lucelle ! palsembleu vous me la donnés belle !
Vous l'avés envoyée auprés de son amant.

LE ROY *dans son bon sens.*

Tu te mocques de moy.

ZACORIN.

Diable emporte qui ment.

LE ROY *dans son bon sens.*

Tout mon cerveau troublé par des vapeurs malignes,
Où suis-je ?

ZACORIN.

Par ma foy vous estes dans les vignes.

LE ROY *dans son bon sens.*

D'où peut venir cela ?

ZACORIN.

C'est que vous avez bû.
Tenés ; à vos discours je l'ay d'abord connu.

Sire, allés vous coucher, vous ne sçauriés mieux
faire.

LE ROY *dans son bon sens.*

Ah! voilà pour ma noce un beau preliminaire.
Que va dire Lucelle? Ah, Prince malheureux!
Qu'en dira l'avenir? Qu'en diront nos neveux?

ZACORIN.

Adieu, mon cher amy, mon cher Roy de Cocagne,
Que dans tous vos malheurs Bacchus vous accompagne.

LE ROY *dans son bon sens.*

Comment donc, conduis moy.

ZACORIN.

Volontiers, je le veux;
Mais si vous m'en croyés, conduisons-nous tous deux.
Pour moy comme pour vous egallement je tremble;
Du moins si nous tombons, nous tomberons ensemble.
Je suis tout à fait yvre, & vous yvre à demy;
Il n'y paroitra plus, quand nous aurons dormy.

Fin du second Acte.

ACTE III.

SCENE I.

ALQUIF, ZACORIN.

ZACORIN.

MOn Maître est libre enfin, mais Lucelle extravague,
Du moment qu'à son doigt elle a mis vôtre bague.
J'ay fait de vains efforts pour l'en pouvoir ôter ;
Toûjours elle s'obstine à la vouloir porter ;
A la fin alarmé de son extravagance,
Je me voyois tout prêt de rompre le silence,
Lors que prenant sa course, & fuyant vers ces lieux,
Elle s'est tout à coup derobée à mes yeux.
Philandre suit ses pas, pleure, se desespere,
Et moy je suis venu vous raconter l'affaire,
Pour voir si vous pouriés nous tirer d'embaras.

ALQUIF.

Cela me fâche un peu, je ne le cele pas,
Il faut, cher Zacorin, employer l'artifice,
Pour que du diamant le Roy se resaisisse ;
Il seroit bien plus fou que la premiere fois,
A l'hymen de Philandre il donneroit sa voix,
Son amour s'éteindroit pour ne jamais renaître.
Attens icy Lucelle, elle y viendra peut-estre,
Je vais de mon côté tâcher de la trouver,
J'ay trop bien commencé pour ne pas achever.

SCENE II.

ZACORIN.

NOtre Roy de Cocagne en ce moment sommeille,
Et nous pourons fort bien avant qu'il se reveille
Partir d'icy sans bruit. Mais non n'en faisons rien.
Pourquoy quitter des lieux où nous sommes si bien ?
Lucelle.... Ah ! la voicy.

SCENE III.

LUCELLE, ZACORIN.

LUCELLE *Folle.*

VOyez quelle insolence ;
Ah ! je vous montreray si je suis en demence,
Mes Dames les Guenons, eh vous voilà mon cher !
Depuis une heure & plus je suis à vous chercher.
Et bien donc à propos, à quand nôtre hymenée ?
Quelle raison en peut retarder la journée ?
Ou plûtôt le moment ? car enfin nos amours......
Mais pour en revenir à mes premiers discours,
J'ay donné le foüet à mes deux Gouvernantes,
Qui vouloient avec moy faire les insolentes,
Et me traitoient de folle.

ZACORIN.

Il est parbleu bon là,
Ces Dames avoient bien affaire de cela.
Mais quittés cette bague, elle est cause, Madame,
Que vous extravagués.

LUCELLE.

Qu'as-tu fait de ta flamme ? ...

Objet de mes desirs. Mon amour....

ZACORIN.

Oh parbleu,
Madame, finissons au plûtôt tout ce jeu.

LUCELLE.

Allons, courons, volons dans quelque isle deserte,
Que ta vûë à la mienne à tous momens offerte,
Puisse par ses rayons répondre à cette ardeur,
Que des traits si charmans allument dans mon cœur.

ZACORIN.

Quel galimatias ! Si sa folie augmente,
Je crains bien qu'à la fin le diable ne me tente.
Nous sommes icy seuls, personne ne nous voit ;
Par ma foy, laissons-luy le diamant au doigt,
Et voyons-en la suite.

LUCELLE.

Acheve ton ouvrage,
Amour, jadis tes mains petrirent ce visage,
Rend sensible son cœur.

ZACORIN.

Courage, Zacorin.
Il ne faut pas rester dans un si beau chemin ;
Et sans considerer où tout cecy m'embarque....
Il veut l'embrasser.

SCENE IV.

LE ROY, LUCELLE, ZACORIN.

LE ROY *dans son bon sens.*

AH ! je vous y prends donc.

ZACORIN.

Peste soit du Monarque,
Il vient mal à propos.

LE ROY.

Me faire un tel affront ?
Quoy me vouloir planter des cornes sur le front ?

Quoy sur un front royal orné du diademe?

ZACORIN.

Ce n'estoit que pour rire.

LE ROY.

Ah quelle audace extréme!

Comment m'oser trahir par telles actions?

ZACORIN.

On trahiroit son pere en ces occasions.

LE ROY.

Et vous qui dans l'abord faisiés tant la farouche,
Vous que je destinois au plaisir de ma couche,
Vous n'auriés pas, je pense, appellé du secours.

LUCELLE.

Quel es-tu pour tenir de semblables discours?
Est-ce à toy de regler mon amour ou ma haine?
J'aime ce Cavalier, n'en vaut-il pas la peine?
Qui peut en murmurer? Je suis Reine, je croy.

LE ROY.

Pas tout à fait encor, mais pour moy je suis Roy,
Et quand il me plaira vous deviendrés sujette.

LUCELLE.

Le joly Roitelet.

LE ROY.

La plaisante Reinette.

LUCELLE.

Ouy, vous avez beau dire, & vous mettre en couroux,
Je l'aime, & je pretens en faire mon époux.

LE ROY.

Elle est ensorcelée; aimer cette figure!

ZACORIN.

Helas! c'est malgré moy, Sire, je vous assure,
Et je voudrois pouvoir vous donner mes attraits,
Pour que vous puissiez plaire autant que je luy plais.

LE ROY.

Ah! vous luy plaisés donc, vieux masque de satyre,
Et vous avez encor le front de me le dire.
Nous allons voir cela. Madame en ce moment

Renoncez pour jamais à cet indigne amant,
Ou bien il va perir.

LUCELLE.

Eh bien à la bonne heure ;
Je l'aimeray toûjours.

ZACORIN.

Quoy souffrir que je meure ?
Haïssés-moy plûtôt.

LUCELLE.

Ah ! ne l'esperez pas ;
Je pretens vous aimer au delà du trepas.
Mourés & soyés sûr.

ZACORIN.

Le diable vous emporte,
Je me passeray bien d'estre aimé de la sorte.

LE ROY.

Hola, Gardes.

ZACORIN.

Seigneur, on va vous obéir,
Je vais tout employer pour me faire haïr,
Je vais luy chanter poüille, & je me persuade
Que vous serés content : La laide ; la maussade,
La vieille, la guenon.

LUCELLE.

Que ce transport m'est doux !
Il part, je le vois bien, d'un mouvement jaloux,
Et je t'en aime encor mille fois davantage.

ZACORIN.

Ce n'est pas un amour, parbleu, c'est une rage.

LE ROY.

Puisqu'il n'avance rien, qu'on l'ôte de mes yeux.

LUCELLE.

Ah ! laissés-moy du moins recevoir ses adieux.

ZACORIN.

Morbleu retirez-vous. Seigneur, un mot, de grace.

LE ROY.

Non c'en est fait.

ZACORIN.

O Ciel ! que faut-il que je fasse ?
Arrachons-luy la bague ; il n'est que ce moyen.

SCENE V.

LE ROY, PHILANDRE, LUCELLE, ZACORIN.

PHILANDRE.

DAns l'état où je suis, non je n'écoûte rien,
Sire, me retirant d'une prison affreuse,
Vous me rendés la vie encor plus malheureuse,
Je renonce à ma grace, & je viens en ces lieux,
Puisque je perds Lucelle, expirer à vos yeux.

LE ROY.

Que diable celuy-cy vient-il encor me dire ?
Tout ce qui te plaira, vis, meurs, respire, expire,
Creve, si tu le veux, je le trouveray bon ;
Mais, dis-moy, qui t'a pû tirer de ta prison ?

PHILANDRE.

C'est vous-même, Seigneur.

LE ROY.

En voilà bien d'un autre.

PHILANDRE.

Je n'ay pour en sortir, eû d'ordre que le vôtre.

LE ROY.

Tu te mocques de moy, je n'y songeai jamais ;
Mais puisque c'en est fait, sois sage desormais.

PHILANDRE.

Ah ! laissés-moy du moins m'adresser à Lucelle,
Aprés tant de sermens, cœur volage, infidelle.

LUCELLE.

Que me demandés-vous ? Que vous ay-je promis ?
Je veux perdre le jour, si jamais je vous vis.

PHILANDRE.

Dieux, quelle cruauté! quoy la parjure oublie
Qu'elle doit à mon bras son honneur & sa vie.

LUCELLE.

Moy? je ne vous dois rien; c'est à ce cher amant,
Qui va pour moy mourir dans ce même moment.

ZACORIN.

Ah la maudite bague!

LUCELLE.

En un mot, je l'adore
Ce charmant Cavalier.

PHILANDRE.

O Ciel! qu'entens-je encore?
Lucelle perd l'esprit, il n'en faut plus douter;
Tantôt à ses chagrins se laissant emporter,
Ses sens se sont troublez; ma prison en est cause.

ZACORIN.

Seigneur, permettés moy de vous dire la chose.

PHILANDRE.

Je ne veux rien entendre, & dans un tel malheur,
Je veux m'abandonner à toute ma douleur.

Au Roy.

C'est vous, cruel.

LE ROY.

Comment? quel est donc ce langage?
Je jouë icy, me semble, un plaisant personnage.
Quoy traiter de la sorte un amant couronné?
Qui de mille vertus se trouve assaisonné.

ZACORIN.

Il faut finir ce trouble. Enfin, belle Lucelle,
Vous vous obstinés donc à demeurer fidelle?
Eh bien il faut mourir; mais avant ce moment,
Ne me refusés pas du moins ce diamant:
Il me rapellera vôtre charmante idée
Jusqu'au dernier soupir.

LUCELLE.

J'en suis persuadée,
Cher amant, le voilà.

Luy donnant le diamant.

LE ROY.

Que veut dire cecy?
Comment; mon diamant?

ZACORIN *rendant le diamant au Roy.*

Ah! Sire, le voicy.
Je respire, & n'ay plus à craindre pour ma vie,
Le Roy va Dieu mercy rentrer dans sa folie.

LUCELLE *dans son bon sens.*

Que vois-je? quel objet se vient offrir à moy?
Philandre, cher Philandre, est-ce vous que je voy?
Helas! d'où sortés-vous, & d'où viens-je moy-même?

PHILANDRE.

Elle me reconnoit. Ah ma joye est extréme!
Lucelle en son bon sens, quel heureux changement!
Qui pouvoit luy causer ce triste égarement?

ZACORIN.

La bague qu'à l'instant le Roy vient de reprendre;
Mais ce sont des secrets qu'on sçaura vous aprendre.

PHILANDRE.

Quoy! ne puis-je sçavoir en peu de mots? .....

ZACORIN.

Eh bien,
C'est un tour qu'a joüé nôtre Magicien.

LE ROY *dans sa folie.*

Où suis-je? quels transports? c'est l'enfer qui m'appelle;
Non, c'est la jalousie. Eh bien que me veut-elle?
Me voilà. Quels demons par leur brulante ardeur
Me devorent?....Je sens tout l'enfer dans mon cœur.

PHILANDRE.

Allons trouver Alquif, il sçaura nous instruire
Comment dans tout cecy nous devons nous conduire.
Toy reste, Zacorin, pour observer le Roy,
Dans un moment d'icy nous revenons à toy.

SCENE VI.

LE ROY, ZACORIN.

LE ROY *dans sa folie.*

OUy le Sceptre me pese, il faut que je le quitte,
Il traine trop de soins, trop d'ennuis à sa suite,
Ouy je le quitteray, tous vos efforts sont vains,
Mais je le veux du moins remettre en bonnes mains,
Choisir pour successeur un Prince débonnaire,
Sage, bienfait, prudent. Ah! voicy mon affaire.

SCENE VII.

LE ROY, ZACORIN, GUILLOT.

LE ROY.

SEigneur, montez au Trône, & commandés icy.

GUILLOT.

Connoissés-vous Guillot pour luy parler ainsi?

ZACORIN.

Je ne m'attendois pas à ce trait de folie;
Mais il faut l'appuyer.

LE ROY.

Allons donc, je vous prie,
Regnez, je vous remets mon Trône & mes Etats.

GUILLOT.

Vous vous gaussés de moy, je ne les prendray pas.

ZACORIN.

Quoy! tu peux refuser l'offre d'une Couronne?

GUILLOT.

C'est pour se gauberger, morgué, qu'il me la donne.

ZACORIN

ZACORIN.

Non vrayment, c'est le sort qui decide pour toy.
Chacun dans ce Pays à son tour devient Roy,
Voilà ton tour venu.

GUILLOT.

Ça pourroit-il bien estre?
Mais dés demain possible on va m'envoyer paistre.

ZACORIN.

Et quand cela seroit, que t'importe, innocent,
Il est beau de regner, ne fust-ce qu'un instant.

GUILLOT.

Morgué ce Trône est haut, & j'en crains fort la chute,
Ne me faites pas faire au moins la culebute.

ZACORIN.

Vôtre seule vertu vous y fait parvenir,
Et nous mettrons nos soins à vous y maintenir.

LE ROY *ôtant sa Couronne.*

Cette Couronne est dûë à vôtre auguste teste.

GUILLOT.

Ah! mon auguste teste est, Sire, toute prête,
Morgué boutés dessus.

LE ROY.

Prenez ce Sceptre en main.

GUILLOT.

Fort bien, me voilà donc à present Souverain.

ZACORIN *ôtant le manteau du Roy.*

Quand ce manteau royal sera sur vos épaules.

GUILLOT.

Cette ceremonie est morgué des plus droles;
Jamais si plaisamment je ne fus habillé.
A quel jeu joüons nous?

ZACORIN.

C'est au Roy dépoüillé.

LE ROY.

Que parlés-vous de jeu? vous croyés qu'on se raille?
Montez, montez au Trône.

GUILLOT *montant sur le Trône.*

Allons vaille que vaille,

ZACORIN.

Ce Monarque est bien fou, mais je trouve aujourd'hui
Que le pauvre Guillot est aussi fou que luy.

LE ROY.

Vôtre nom ?

GUILLOT.

C'est Guillot, Sire, à vôtre service.

LE ROY.

Que de ce nom fameux Cocagne retentisse,
Et qu'au son de la trompe on entende crier,
Vive le Roy Guillot, vive Guillot premier.

GUILLOT *sur le Trône*

Vous souhaités qu'il vive, & bien à la bonne heure;
Et moy je tâcheray d'empêcher qu'il ne meure.
Morgué que de plaisir ! te voilà Roy, Guillot,
Tu vas boire parguenne en tirelarigot,
Tu dormiras trois jours, si tu veux, tout de suite,
Personne n'aura rien à voir à ta conduite,
Drés que tu parleras, comme t'as de l'esprit,
Tout chacun s'écrira, morgué que c'est bian dit !
Droits comme des picquets campés dans ton passage,
Les Courtisans flateux viendront te rendre hommage.
Les biautés de la Cour s'en vont estre à ton choix,
Tu n'auras qu'à chifler & remuer les doits,
Tretoutes s'en viendront sans faire les retives....
Morguenne que les Rois ont de prorogatives !

SCENE VIII.

LE ROY, RIPAILLE, ZACORIN, GUILLOT.

RIPAILLE.

SEigneur, que m'aprens-t'on, & qu'est ce que je voy ?
Vous voulés nous donner un paysan pour Roy ?

D'un si bizarre choix que pouvés-vous attendre?

GUILLOT.

Gardes, qu'on le saisisse, & qu'on me l'aille pendre.

ZACORIN.

Marchez.

RIPAILLE.

Comment?

GUILLOT.

Oh dame! on m'obéït icy.
Ce ne sont pas des jeux d'enfans que tout cecy;
Aprenés qu'apresent je suis vôtre Monarque.

LE ROY.

Sire, à vôtre pouvoir il manquoit cette marque.
Tenés, vous, mettés-luy ce diamant au doigt.

RIPAILLE.

Non, non, ne croyez pas que jamais cela soit.
Je garde cette bague, & ma main ne la donne
Qu'au Prince à qui l'Etat remettra la Couronne.

LE ROY *dans son bon sens.*

Dites moy dans ces lieux qui vous assemble tous?
Quel dessein est le vôtre? Et que demandés vous?
On ne me répond point, il semble que l'on craigne.
Que fais-tu là, maraut, sur mon Trône?

GUILLOT.

Je regne.

LE ROY.

Tu regnes, & sur qui?

GUILLOT.

Sur les Cocagniens,
Autrefois vos sujets & maintenant les miens.

LE ROY.

Que tout ce que je voy m'étourdit & m'étonne!
Quoy mon manteau royal, mon Sceptre, ma Couronne?
Ripaille, vous plait-il de m'éclaircir cecy?

RIPAILLE.

Aparamment, Seigneur, cela vous plait ainsi.

LE ROY.

Ils ont perdu l'esprit. Aprochez-vous, Bombance.

SCENE IX.

LE ROY, BOMBANCE, RIPAILLE, ZACORIN, GUILLOT.

BOMBANCE.

MOn Roy dans cet état ! que faut-il que je pense ?
Un autre revêtu du souverain pouvoir !

LE ROY.

Ma foy, je le demande, & ne le puis sçavoir.

GUILLOT.

Paix-là, Messieurs, paix là, s'il vous plait, qu'on se taise,
Et qu'on me laisse icy regner tout à mon aise.

BOMBANCE.

Je voy qu'icy chacun extravague à son tour,
C'est un sort que l'on a jetté sur vôtre Cour.

LE ROY.

Comment un sort ?

RIPAILLE.

Seigneur, permettés-moy de dire
Que vous m'avés paru deux fois dans le delire,
Et que tantôt Lucelle à tous vos Courtisans
A tenu des discours dépourvûs de bon sens.

BOMBANCE.

Il faut aprofondir.... Au diable la musique ; *(On entend des violons.)*
C'est bien prendre son temps quand un pouvoir magique....

GUILLOT *se reveillant en sursaut tombe du Trône en bas, & les renverse tous.*

Place, place, voilà le Roy qui va passer.

LE ROY.

Peste soit du lourdaut qui me vient fracasser,
Je croy que j'en seray du moins pour une côte.

GUILLOT.

Je suis un Roy de poids, mais ce n'est pas ma faute,
Ces maudits violons m'ont reveillé d'abord,
Je suis fâché pourtant d'estre tombé si fort.

BOMBANCE.

Qui pourra nous tirer de ce desordre extréme,
Et donner un remede à tout cecy?

SCENE DERNIERE.

LE ROY, BOMBANCE, RIPAILLE, ALQUIF, PHILANDRE, ZACORIN, GUILLOT.

ALQUIF.

Moy même;
Mais il faut que le Roy renonce à son amour,
Ou vous deviendrés tous insensés dans ce jour.

BOMBANCE.

Sire, il faut étouffer vôtre ardeur pour Lucelle.

LE ROY.

Bon, il n'en reste pas dans mon cœur étincelle;
Mais que fait mon amour, s'il vous plait, à cecy?

ALQUIF.

Seigneur, vous en serez dans l'instant éclairci.
Un genie amoureux de la belle Lucelle
Est devenu jaloux de vôtre amour pour elle,
Et par un trait malin s'en est voulu venger,
Appliquant tous ses soins à vous faire enrager.

LE ROY.

Mais parbleu ce genie a bien peu de cervelle,
Que ne s'en prenoit-il à l'amant de Lucelle?

Mais à vous, qui vous a revelé tout cela?

ALQUIF.

Les Enfers.

LE ROY.

Les Enfers! C'est comme à l'Opera.

BOMBANCE.

Vous connoissés quelqu'un dans ce Pays, sans doute?

ALQUIF.

Oh! ce sont des secrets où vous ne voyés goute.
Il suffit que je veux estre de vos amis,
Qu'en son premier état icy tout soit remis,
Que l'on n'y parle plus que de réjoüissance,
Reprenés vôtre bague avec vôtre puissance;
Mais pour en mieux user; & que ces deux amans
Trouvent dans vôtre Cour la fin de leurs tourmens.

RIPAILLE.

Et cette bague cy?

ALQUIF.

C'est un autre mystere;
Nous prendrons nôtre temps pour vous conter l'affaire.

Icy on ôte à Guillot ses ornemens royaux pour les remettre au Roy.

GUILLOT.

Mais je veux regner, moy.

ALQUIF.

Tu seras plus heureux
En vivant avec nous en Bourgeois de ces lieux.

LE ROY.

Vous y pouvés tous vivre à vôtre fantaisie,
Heureux de n'avoir plus amour ny jalousie,
Je fais tout mon plaisir d'unir ces deux amans;
Que tout s'accorde icy pour leurs contentemens.

ZACORIN.

C'est bien parler cela, ce doux retour me gagne,
Eh vive le Pays & le ROY DE COCAGNE.

FIN.

DIVERTISSEMENT.

Plusieurs Habitans de Cocagne & plusieurs Etrangers de diverses Nations arrivent en dansant.

UN COCAGNIEN ET UNE COCAGNIENE.

Qve chacun icy s'avance,
Pour goûter mille plaisirs,
Dans la joye & l'abondance,
Tout comble icy nos desirs;
Que chacun icy s'avance
Pour goûter mille plaisirs.

Le jour fini recommence,
Dans d'agreables loisirs,
Que chacun icy s'avance
Pour goûter mille plaisirs.

Que l'on chante, que l'on danse,
Loin de nous pleurs & soupirs,
Que chacun icy s'avance
Pour goûter mille plaisirs.

ENTRE'E de Cocagniens & de Cocagnienes.

UN COCAGNIEN.

Icy tout s'empresse à nous plaire,

Les ris, les amours,
Le vin, la bonne chere
Y regnent toûjours,
La santé fait nôtre richesse,
Le plaisir prévient nos souhaits,
L'aimable jeunesse
Y renait sans cesse;
Soucis & regrets
N'y naissent jamais.

ENTRÉE des Etrangers. *Vaudeville.*

UNE ETRANGERE.

Dés long temps nous sommes en voyage
Sans en voir finir le cours,
Nous cherchons par tout un Peuple sage,
Pour y passer d'heureux jours,
Faut-il aller en Asie, en Afrique?
Eh lon lan là
Ce n'est pas là
Qu'on trouve cela,
Non pas même à l'Amerique,

UN ETRANGER.

Où trouver de la delicatesse?
Où sert-on sans interêts?
Où boit-on sans tomber dans l'yvresse?
Où ne fait-on point d'excés?
Seroit-ce en Suisse ou bien en Allemagne?
Eh lon lan la
Ce n'est pas là
Qu'on trouve cela,
C'est au Pays de Cocagne.

UNE ETRANGERE.

Où l'époux est-il sans defiance?
Et le sexe en liberté?

Où n'a-t'on nul desir de vengeance?
Où dit on la verité?
Faut-il courir l'Italie ou l'Espagne?
Eh lon lan la
Ce n'est pas là
Qu'on trouve cela
C'est au Pays de Cocagne.

UN ETRANGER.

Où voit-on des beautés naturelles?
Dont le tein soit sans aprets?
Où trouver des maitresses fidelles,
Et des amoureux discrets?
Vers les François battrons-nous la campagne,
Eh lon lan la
Ce n'est pas là
Qu'on trouve cela
C'est au Pays de Cocagne.

FORTUNATE.

Où trouver des filles innocentes,
Sans finesse & sans detour?
A quel âge en voit on d'ignorantes
Au mystere de l'amour?
Est ce à quinze ans pour ne s'y pas méprendre?
Eh lon lan la
Ce n'est pas là
Qu'on trouve cela
A nôtre âge il les faut prendre.

FELICINE.

Jeunes cœurs, d'aimer tout vous convie
A la fleur de vos beaux ans,
Où trouver les plaisirs de la vie,
Si ce n'est dans le printemps?
Aprés l'Automne envain on les souhaite,
Eh lon lan la

Ce n'est pas là
Qu'on trouve cela,
Déja la vendange est faite.

ZACORIN.

Où trouver des connoisseurs habiles,
Qui puissent juger de tout?
Où trouver des critiques tranquilles,
Indulgens & de bon goût?
Est-ce sur mer ou bien en terre ferme?
Eh lon lan la
Ce n'est pas là
Qu'on trouve cela,
Le Parterre les renferme.

FIN.

APPROBATION.

J'Ay lû par l'ordre de Monseigneur le Garde des Sceaux, *Le Roy de Cocagne, Comedie.* L'Auteur luy même a fait assez connoitre par son Prologue quel a été son dessein; j'ay trouvé qu'il l'avoit bien rempli. Les Representations de cette Piece ont amusé & diverti le Public; & je crois que l'Impression ne luy sera pas moins de plaisir. Fait à Paris ce 27 Fevrier 1719.

Signé, DANCHET.

Privilege du Roy.

LOUIS par la grace de Dieu, Roy de France & de Navarre: A nos amez & feaux Conseillers les Gens tenans nos Cours de Parlement, Maîtres des Requêtes ordinaires de nôtre Hôtel, Grand Conseil, Prevost de Paris, Baillifs, Sénéchaux, leurs Lieutenans Civils, & autres nos Justiciers qu'il appartiendra, SALUT. Nôtre bien-amé le Sieur LE GRAND, Nous ayant fait remontrer qu'il souhaitteroit faire imprimer & donner au Public un Ouvrage de sa composition, & qui a pour titre, *le Roy de Cocagne, Comedie, par ledit Sieur le Grand, & autres œuvres, tant ce qu'il a composé cy-devant, que ce qu'il composera par la suite*, s'il Nous plaisoit luy accorder nos Lettres de Privilege sur ce necessaires. A CES CAUSES, voulant favorablement traiter ledit Sieur Exposant; Nous luy avons permis & permettons par ces Presentes de faire imprimer ledit Ouvrage en tels volumes, forme, marge, caracteres, conjointement ou separément, & autant de fois que bon luy semblera, & de le vendre, faire vendre & debiter par tout nôtre Royaume pendant le temps de neuf années consecutives, à compter du jour de la datte desdites Presentes. Faisons défenses à toutes sortes de personnes de quelque qualité & condition qu'elles soient d'en introduire d'impression étrangere dans aucun lieu de nôtre obéïssance; Comme aussi à tous libraires, Imprimeurs & autres, d'imprimer, faire imprimer, vendre, faire vendre, debiter ny contrefaire ledit ouvrage en tout ny en partie, ny d'en faire aucuns extraits sous quelque pretexte que ce soit, d'augmentation, correction, changement de titre ou autrement, sans la permission expresse & par écrit dudit Exposant ou de ceux qui auront droit de luy, à peine de confiscation des Exemplaires contrefaits, de quinze cens livres d'amende contre chacun des contrevenans, dont un tiers à Nous, un tiers à l'Hôtel-Dieu de Paris, l'autre tiers audit Exposant, & de tous dépens, dommages & interests; A la charge que ces Presentes seront enregistrées tout au long sur le Registre de la Communauté des Libraires & Imprimeurs de

Paris, & ce dans trois mois de la datte d'icelle ; que l'impression de cet Ouvrage sera faite dans nôtre Royaume & non ailleurs, en bon papier & en beaux caracteres, conformément aux Reglemens de la Librairie ; & qu'avant que de l'exposer en vente, le manuscrit ou l'imprimé qui aura servi de copie à l'impression dudit Ouvrage sera remis dans le même état où l'approbation y aura esté donnée, és mains de nôtre trés-cher & feal Chevalier Garde des Sceaux de France le Sieur de Voyer de Paulmy Marquis d'Argenson ; & qu'il en sera ensuite remis deux Exemplaires dans nôtre Bibliotheque publique, un dans celle de nôtre Château du Louvre, & une dans celle de nôtre cher & feal Chevalier Garde des Sceaux de France le Sieur de Voyer de Paulmy Marquis d'Argenson ; le tout à peine de nullité des Presentes, du contenu desquelles vous mandons & enjoignons de faire joüir l'Exposant ou ses ayans cause pleinement & paisiblement sans souffrir qu'il leur soit fait aucun trouble ou empêchement. Voulons que la copie desdites Presentes, qui sera imprimée au commencement ou à la fin dudit Ouvrage, soit tenuë pour dûëment signifiée, & qu'aux copies collationnées par l'un de nos amez & feaux Conseillers & Secretaires, foy soit ajoûtée comme à l'Original. Commandons au premier nôtre Huissier ou Sergent de faire pour l'execution d'icelles tous Actes requis & necessaires sans demander autre permission, & nonobstant Clameur de Haro, Charte Normande & Lettres à ce contraires ; Car tel est nôtre plaisir. DONNE' à Paris le quinziéme jour du mois de Mars l'an de grace mil sept cent dix neuf, & de nôtre Regne le quatriéme. Par le Roy en son Conseil. *Signé*, FOUQUET.

Registré sur le Registre IV. de la Communauté des Libraires & Imprimeurs de Paris, pag. 454. N. 498. conformément aux Reglemens, & notamment à l'Arrest du Conseil du 13 Aoust 1703. A Paris le 31 Mars 1719. Signé, DE LAULNE, *Syndic.*

www.ingramcontent.com/pod-product-compliance
Ingram Content Group UK Ltd.
Pitfield, Milton Keynes, MK11 3LW, UK
UKHW031938260826
14628UKWH00004B/1700

9 782019 133061